Das große Mosaik-Stickerbuch

Wir reisen um die Welt

Illustrationen und Gestaltung:
Joanne Kirkby und
Sharon Cooper

In der Mitte des Buches findest du zahlreiche Sticker. Vervollständige die Mosaike mit ihnen. Die weißen Felder mit den farbigen Punkten geben an, welche Form und Farbe der Sticker haben sollte.

HOTEL
Grande
Viva Venezia, viva San Marco ...

GELATERIA BUONA

Kikerikiiiii!

Schuhuu!

Zaaak!

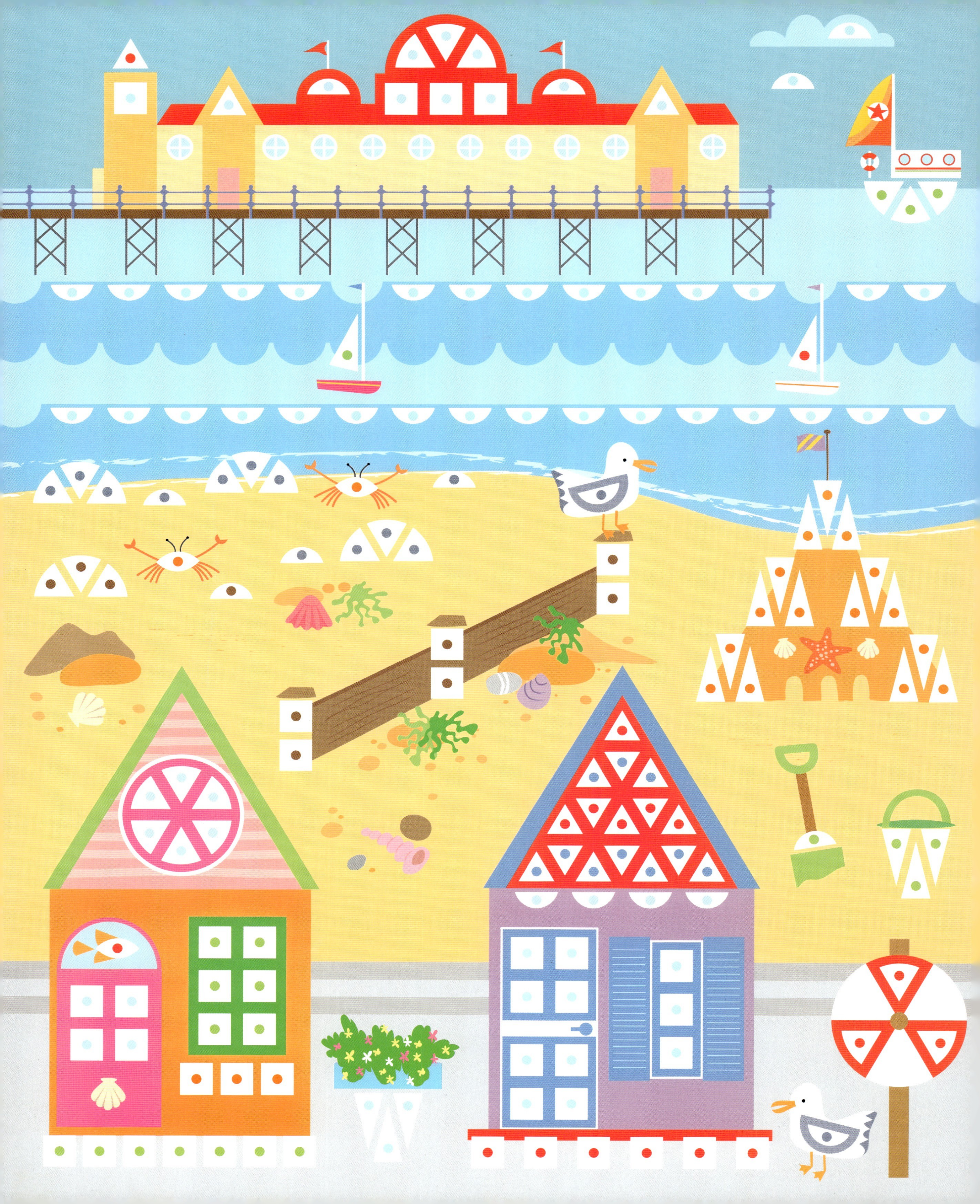

DING!
DING!

SEITE 2-3

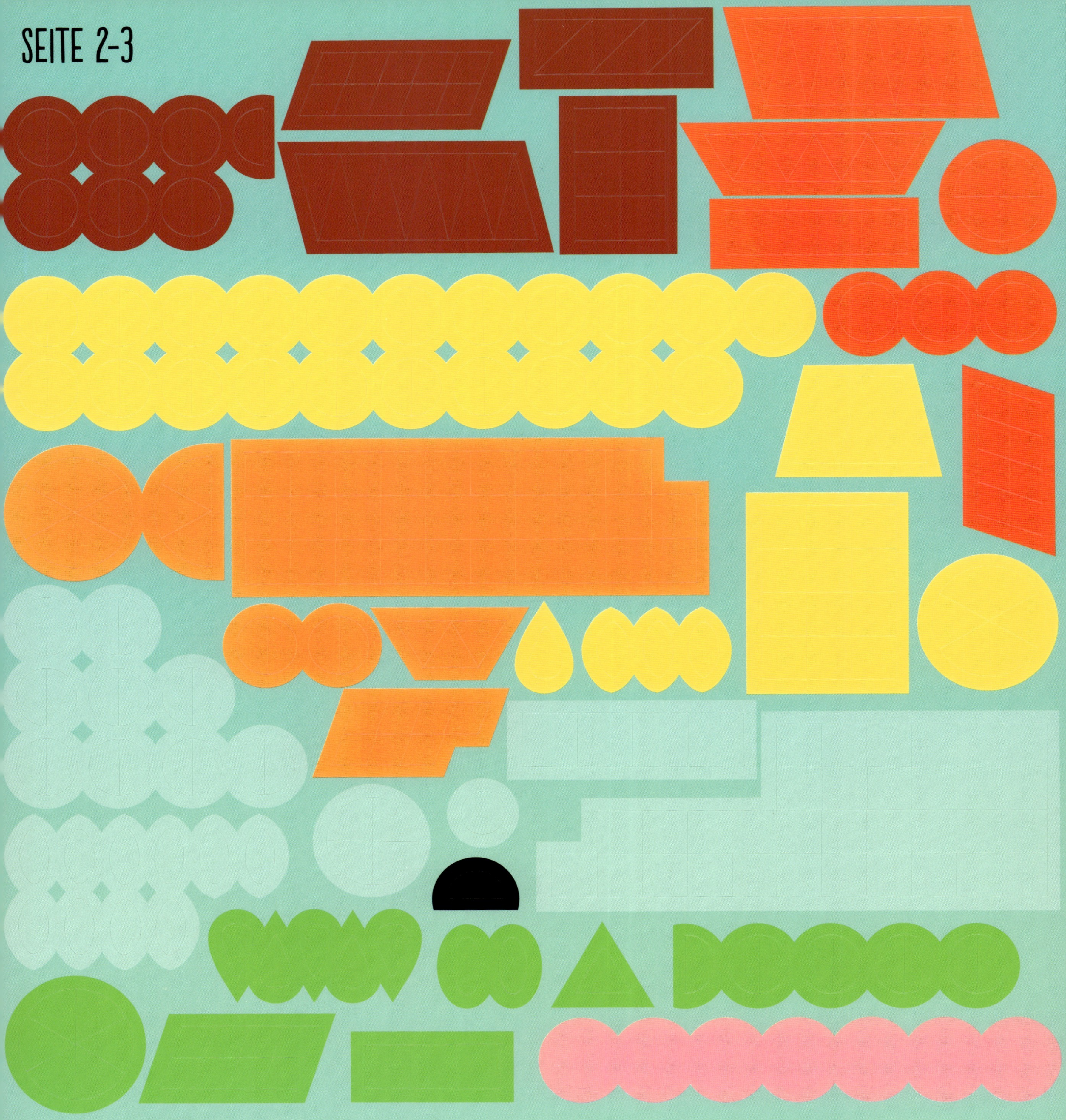

SEITE 4-5

SEITE 4-5

SEITE 6-7

SEITE 8-9

SEITE 10-11

SEITE 12

SEITE 12

SEITE 13

SEITE 14–15 (FORTSETZUNG AUF DER NÄCHSTEN SEITE)

SEITE 14-15
(FORTSETZUNG)

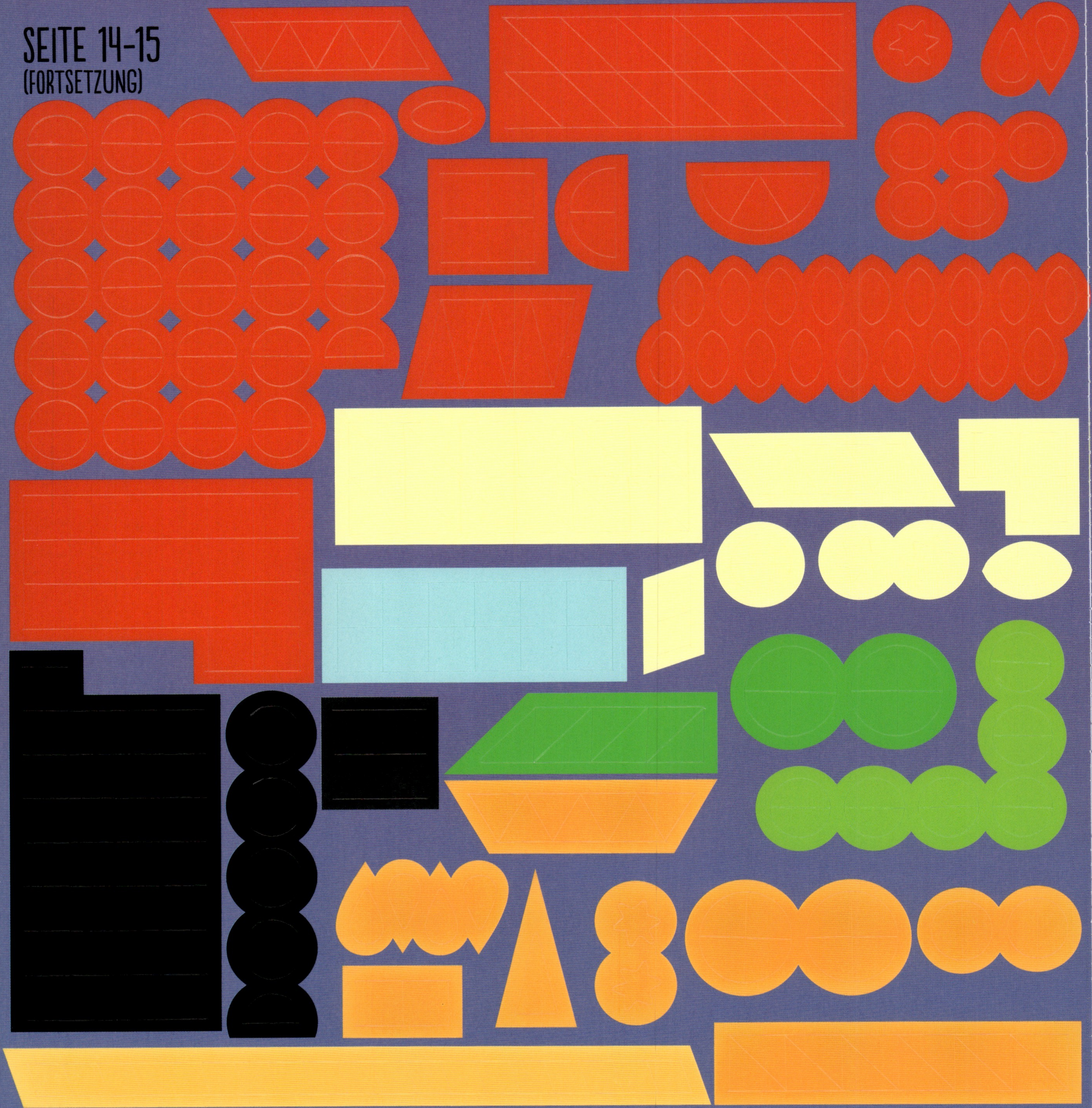

SEITE 16-17

SEITE 16-17

SEITE 18-19

SEITE 20-21

SEITE 20-21

SEITE 22-23

SEITE 22-23

SEITE 24

Kraa, kraa!
Quak! Quak!

PENG!

SHERIFF
GESUCHT

BANK
SALOON

EISCREME
TICKETS